Libro de registro del recién nacido

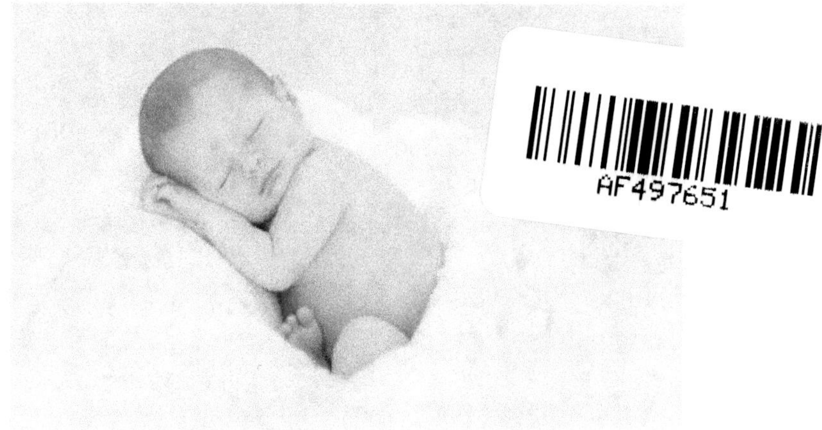

Este libro pertenece a:

Este libro de registro del recién nacido le ayudará a llevar un registro del día de su bebé. Se incluyen los cambios de pañal, los horarios de sueño, las tomas, las actividades, el estado de ánimo del bebé, los medicamentos y las notas.

Libro de registro del recién nacido

ESTADO DE ÁNIMO DEL BEBÉ 😁 ☹ 😌 😐 😠 **FECHA**

COMIDA

AM			**PM**		
Tiempo	Comida	Cantidad	Tiempo	Comida	Cantidad

DORMIR

AM			**PM**		
Inicio	Fin	Duración	Inicio	Fin	Duración

PAÑALES

pipí	caca	Tiempo		pipí	caca	Tiempo
◯	◯			◯	◯	
◯	◯			◯	◯	
◯	◯			◯	◯	

NOTAS DE ACTIVIDAD

Libro de registro del recién nacido

ESTADO DE ÁNIMO DEL BEBÉ

FECHA

COMIDA

AM

Tiempo	Comida	Cantidad

PM

Tiempo	Comida	Cantidad

DORMIR

AM

Inicio	Fin	Duración

PM

Inicio	Fin	Duración

PAÑALES

pipí	caca	Tiempo	pipí	caca	Tiempo
○	○		○	○	
○	○		○	○	
○	○		○	○	

NOTAS DE ACTIVIDAD

Libro de registro del recién nacido

ESTADO DE ÁNIMO DEL BEBÉ 😁 ☹️ 😌 😐 😠 **FECHA**

COMIDA

	AM				PM	
Tiempo	Comida	Cantidad		Tiempo	Comida	Cantidad
___	___	___		___	___	___
___	___	___		___	___	___
___	___	___		___	___	___
___	___	___		___	___	___
___	___	___		___	___	___
___	___	___		___	___	___

DORMIR

	AM				PM	
Inicio	Fin	Duración		Inicio	Fin	Duración
___	___	___		___	___	___
___	___	___		___	___	___
___	___	___		___	___	___
___	___	___		___	___	___
___	___	___		___	___	___

PAÑALES

pipí	caca	Tiempo		pipí	caca	Tiempo
◯	◯	___		◯	◯	___
◯	◯	___		◯	◯	___
◯	◯	___		◯	◯	___

NOTAS DE ACTIVIDAD

Libro de registro del recién nacido

ESTADO DE ÁNIMO DEL BEBÉ

FECHA

COMIDA

AM			PM		
Tiempo	Comida	Cantidad	Tiempo	Comida	Cantidad

DORMIR

AM			PM		
Inicio	Fin	Duración	Inicio	Fin	Duración

PAÑALES

pipí	caca	Tiempo	pipí	caca	Tiempo

NOTAS DE ACTIVIDAD

Libro de registro del recién nacido

ESTADO DE ÁNIMO DEL BEBÉ   😁 ☹️ 😌 😐 😠   **FECHA**

COMIDA

AM			PM		
Tiempo	Comida	Cantidad	Tiempo	Comida	Cantidad
___	___	___	___	___	___
___	___	___	___	___	___
___	___	___	___	___	___
___	___	___	___	___	___
___	___	___	___	___	___
___	___	___	___	___	___

DORMIR

AM			PM		
Inicio	Fin	Duración	Inicio	Fin	Duración
___	___	___	___	___	___
___	___	___	___	___	___
___	___	___	___	___	___
___	___	___	___	___	___
___	___	___	___	___	___
___	___	___	___	___	___

PAÑALES

pipí	caca	Tiempo	pipí	caca	Tiempo
○	○	———	○	○	———
○	○	———	○	○	———
○	○	———	○	○	———

NOTAS DE ACTIVIDAD

Libro de registro del recién nacido

ESTADO DE ÁNIMO DEL BEBÉ   😁 ☹️ 😌 😐 😠   **FECHA**

COMIDA

AM				PM		
Tiempo	Comida	Cantidad		Tiempo	Comida	Cantidad
___	___	___		___	___	___
___	___	___		___	___	___
___	___	___		___	___	___
___	___	___		___	___	___
___	___	___		___	___	___
___	___	___		___	___	___

DORMIR

AM				PM		
Inicio	Fin	Duración		Inicio	Fin	Duración
___	___	___		___	___	___
___	___	___		___	___	___
___	___	___		___	___	___
___	___	___		___	___	___
___	___	___		___	___	___
___	___	___		___	___	___

PAÑALES

pipí	caca	Tiempo		pipí	caca	Tiempo
◯	◯	___		◯	◯	___
◯	◯	___		◯	◯	___
◯	◯	___		◯	◯	___

NOTAS DE ACTIVIDAD

Libro de registro del recién nacido

ESTADO DE ÁNIMO DEL BEBÉ   😁 ☹️ 😌 😐 😠   **FECHA**

COMIDA

AM				**PM**		
Tiempo	Comida	Cantidad		Tiempo	Comida	Cantidad
────	────	────		────	────	────
────	────	────		────	────	────
────	────	────		────	────	────
────	────	────		────	────	────
────	────	────		────	────	────
────	────	────		────	────	────

DORMIR

AM				**PM**		
Inicio	Fin	Duración		Inicio	Fin	Duración
────	────	────		────	────	────
────	────	────		────	────	────
────	────	────		────	────	────
────	────	────		────	────	────
────	────	────		────	────	────
────	────	────		────	────	────

PAÑALES

pipí	caca	Tiempo		pipí	caca	Tiempo
O	O	────		O	O	────
O	O	────		O	O	────
O	O	────		O	O	────

NOTAS DE ACTIVIDAD

Libro de registro del recién nacido

ESTADO DE ÁNIMO DEL BEBÉ

FECHA

COMIDA

AM				PM	
Tiempo	Comida	Cantidad	Tiempo	Comida	Cantidad

DORMIR

AM				PM	
Inicio	Fin	Duración	Inicio	Fin	Duración

PAÑALES

pipí	caca	Tiempo	pipí	caca	Tiempo
◯	◯		◯	◯	
◯	◯		◯	◯	
◯	◯		◯	◯	

NOTAS DE ACTIVIDAD

Libro de registro del recién nacido

ESTADO DE ÁNIMO DEL BEBÉ

FECHA

COMIDA

AM

Tiempo	Comida	Cantidad

PM

Tiempo	Comida	Cantidad

DORMIR

AM

Inicio	Fin	Duración

PM

Inicio	Fin	Duración

PAÑALES

pipí	caca	Tiempo
O	O	
O	O	
O	O	

pipí	caca	Tiempo
O	O	
O	O	
O	O	

NOTAS DE ACTIVIDAD

Libro de registro del recién nacido

ESTADO DE ÁNIMO DEL BEBÉ

FECHA

COMIDA

AM

Tiempo	Comida	Cantidad

PM

Tiempo	Comida	Cantidad

DORMIR

AM

Inicio	Fin	Duración

PM

Inicio	Fin	Duración

PAÑALES

pipí	caca	Tiempo		pipí	caca	Tiempo
O	O			O	O	
O	O			O	O	
O	O			O	O	

NOTAS DE ACTIVIDAD

Libro de registro del recién nacido

ESTADO DE ÁNIMO DEL BEBÉ

FECHA

COMIDA

AM

Tiempo	Comida	Cantidad

PM

Tiempo	Comida	Cantidad

DORMIR

AM

Inicio	Fin	Duración

PM

Inicio	Fin	Duración

PAÑALES

pipí caca Tiempo

pipí caca Tiempo

NOTAS DE ACTIVIDAD

Libro de registro del recién nacido

ESTADO DE ÁNIMO DEL BEBÉ

FECHA

COMIDA

AM			PM		
Tiempo	Comida	Cantidad	Tiempo	Comida	Cantidad

DORMIR

AM			PM		
Inicio	Fin	Duración	Inicio	Fin	Duración

PAÑALES

pipí	caca	Tiempo	pipí	caca	Tiempo
○	○	——	○	○	——
○	○	——	○	○	——
○	○	——	○	○	——

NOTAS DE ACTIVIDAD

Libro de registro del recién nacido

ESTADO DE ÁNIMO DEL BEBÉ 😁 ☹️ 😌 😐 😡 **FECHA**

COMIDA

AM

Tiempo	Comida	Cantidad

PM

Tiempo	Comida	Cantidad

DORMIR

AM

Inicio	Fin	Duración

PM

Inicio	Fin	Duración

PAÑALES

pipí	caca	Tiempo		pipí	caca	Tiempo
○	○			○	○	
○	○			○	○	
○	○			○	○	

NOTAS DE ACTIVIDAD

Libro de registro del recién nacido

ESTADO DE ÁNIMO DEL BEBÉ

FECHA

COMIDA

AM

Tiempo	Comida	Cantidad

PM

Tiempo	Comida	Cantidad

DORMIR

AM

Inicio	Fin	Duración

PM

Inicio	Fin	Duración

PAÑALES

pipí	caca	Tiempo		pipí	caca	Tiempo
○	○			○	○	
○	○			○	○	
○	○			○	○	

NOTAS DE ACTIVIDAD

Libro de registro del recién nacido

ESTADO DE ÁNIMO DEL BEBÉ

FECHA

COMIDA

AM

Tiempo	Comida	Cantidad

PM

Tiempo	Comida	Cantidad

DORMIR

AM

Inicio	Fin	Duración

PM

Inicio	Fin	Duración

PAÑALES

pipí	caca	Tiempo
○	○	
○	○	
○	○	

pipí	caca	Tiempo
○	○	
○	○	
○	○	

NOTAS DE ACTIVIDAD

Libro de registro del recién nacido

ESTADO DE ÁNIMO DEL BEBÉ

FECHA

AM · COMIDA · PM

Tiempo	Comida	Cantidad		Tiempo	Comida	Cantidad

AM · DORMIR · PM

Inicio	Fin	Duración		Inicio	Fin	Duración

PAÑALES

pipí	caca	Tiempo		pipí	caca	Tiempo
O	O			O	O	
O	O			O	O	
O	O			O	O	

NOTAS DE ACTIVIDAD

Libro de registro del recién nacido

ESTADO DE ÁNIMO DEL BEBÉ

FECHA

COMIDA

AM

Tiempo	Comida	Cantidad

PM

Tiempo	Comida	Cantidad

DORMIR

AM

Inicio	Fin	Duración

PM

Inicio	Fin	Duración

PAÑALES

pipí	caca	Tiempo	pipí	caca	Tiempo
○	○		○	○	
○	○		○	○	
○	○		○	○	

NOTAS DE ACTIVIDAD

Libro de registro del recién nacido

ESTADO DE ÁNIMO DEL BEBÉ

FECHA

AM **COMIDA** **PM**

Tiempo	Comida	Cantidad	Tiempo	Comida	Cantidad

DORMIR

AM **PM**

Inicio	Fin	Duración	Inicio	Fin	Duración

PAÑALES

pipí	caca	Tiempo	pipí	caca	Tiempo

NOTAS DE ACTIVIDAD

Libro de registro del recién nacido

ESTADO DE ÁNIMO DEL BEBÉ

FECHA

COMIDA

AM			PM		
Tiempo	Comida	Cantidad	Tiempo	Comida	Cantidad

DORMIR

AM			PM		
Inicio	Fin	Duración	Inicio	Fin	Duración

PAÑALES

pipí	caca	Tiempo	pipí	caca	Tiempo
◯	◯		◯	◯	
◯	◯		◯	◯	
◯	◯		◯	◯	

NOTAS DE ACTIVIDAD

Libro de registro del recién nacido

ESTADO DE ÁNIMO DEL BEBÉ

FECHA

COMIDA

AM

Tiempo	Comida	Cantidad

PM

Tiempo	Comida	Cantidad

DORMIR

AM

Inicio	Fin	Duración

PM

Inicio	Fin	Duración

PAÑALES

pipí	caca	Tiempo
O	O	——
O	O	——
O	O	——

pipí	caca	Tiempo
O	O	——
O	O	——
O	O	——

NOTAS DE ACTIVIDAD

Libro de registro del recién nacido

ESTADO DE ÁNIMO DEL BEBÉ   😁 ☹️ 😌 😐 😠   **FECHA**

COMIDA

AM				PM		
Tiempo	Comida	Cantidad		Tiempo	Comida	Cantidad
___	___	___		___	___	___
___	___	___		___	___	___
___	___	___		___	___	___
___	___	___		___	___	___
___	___	___		___	___	___
___	___	___		___	___	___

DORMIR

AM				PM		
Inicio	Fin	Duración		Inicio	Fin	Duración
___	___	___		___	___	___
___	___	___		___	___	___
___	___	___		___	___	___
___	___	___		___	___	___
___	___	___		___	___	___

PAÑALES

pipí	caca	Tiempo		pipí	caca	Tiempo
○	○	___		○	○	___
○	○	___		○	○	___
○	○	___		○	○	___

NOTAS DE ACTIVIDAD

Libro de registro del recién nacido

ESTADO DE ÁNIMO DEL BEBÉ

FECHA

COMIDA

AM

Tiempo	Comida	Cantidad

PM

Tiempo	Comida	Cantidad

DORMIR

AM

Inicio	Fin	Duración

PM

Inicio	Fin	Duración

PAÑALES

pipí	caca	Tiempo
O	O	
O	O	
O	O	

pipí	caca	Tiempo
O	O	
O	O	
O	O	

NOTAS DE ACTIVIDAD

Libro de registro del recién nacido

ESTADO DE ÁNIMO DEL BEBÉ   😁 ☹ 😌 😐 😠   **FECHA**

COMIDA

AM				PM		
Tiempo	Comida	Cantidad		Tiempo	Comida	Cantidad
___	___	___		___	___	___
___	___	___		___	___	___
___	___	___		___	___	___
___	___	___		___	___	___
___	___	___		___	___	___
___	___	___		___	___	___

DORMIR

AM				PM		
Inicio	Fin	Duración		Inicio	Fin	Duración
___	___	___		___	___	___
___	___	___		___	___	___
___	___	___		___	___	___
___	___	___		___	___	___
___	___	___		___	___	___
___	___	___		___	___	___

PAÑALES

pipí	caca	Tiempo		pipí	caca	Tiempo
○	○	___		○	○	___
○	○	___		○	○	___
○	○	___		○	○	___

NOTAS DE ACTIVIDAD

Libro de registro del recién nacido

ESTADO DE ÁNIMO DEL BEBÉ   **FECHA**

COMIDA

AM			PM		
Tiempo	Comida	Cantidad	Tiempo	Comida	Cantidad

DORMIR

AM			PM		
Inicio	Fin	Duración	Inicio	Fin	Duración

PAÑALES

pipí	caca	Tiempo	pipí	caca	Tiempo
◯	◯		◯	◯	
◯	◯		◯	◯	
◯	◯		◯	◯	

NOTAS DE ACTIVIDAD

Libro de registro del recién nacido

ESTADO DE ÁNIMO DEL BEBÉ

FECHA

COMIDA

Tiempo	Comida	Cantidad		Tiempo	Comida	Cantidad
AM				PM		

DORMIR

Inicio	Fin	Duración		Inicio	Fin	Duración
AM				PM		

PAÑALES

pipí	caca	Tiempo		pipí	caca	Tiempo
O	O			O	O	
O	O			O	O	
O	O			O	O	

NOTAS DE ACTIVIDAD

Libro de registro del recién nacido

ESTADO DE ÁNIMO DEL BEBÉ   **FECHA**

AM   **COMIDA**   PM

Tiempo	Comida	Cantidad	Tiempo	Comida	Cantidad

AM   **DORMIR**   PM

Inicio	Fin	Duración	Inicio	Fin	Duración

PAÑALES

pipí	caca	Tiempo	pipí	caca	Tiempo
○	○		○	○	
○	○		○	○	
○	○		○	○	

NOTAS DE ACTIVIDAD

Libro de registro del recién nacido

ESTADO DE ÁNIMO DEL BEBÉ   😁 ☹ 😌 😐 😠   **FECHA**

COMIDA

Tiempo	Comida (AM)	Cantidad	Tiempo	Comida (PM)	Cantidad
____	____	____	____	____	____
____	____	____	____	____	____
____	____	____	____	____	____
____	____	____	____	____	____
____	____	____	____	____	____
____	____	____	____	____	____

DORMIR

Inicio	Fin (AM)	Duración	Inicio	Fin (PM)	Duración
____	____	____	____	____	____
____	____	____	____	____	____
____	____	____	____	____	____
____	____	____	____	____	____
____	____	____	____	____	____

PAÑALES

pipí	caca	Tiempo	pipí	caca	Tiempo
◯	◯	____	◯	◯	____
◯	◯	____	◯	◯	____
◯	◯	____	◯	◯	____

NOTAS DE ACTIVIDAD

Libro de registro del recién nacido

ESTADO DE ÁNIMO DEL BEBÉ

FECHA

AM	COMIDA	PM

Tiempo	Comida	Cantidad	Tiempo	Comida	Cantidad

DORMIR

AM			PM		
Inicio	Fin	Duración	Inicio	Fin	Duración

PAÑALES

pipí	caca	Tiempo	pipí	caca	Tiempo

NOTAS DE ACTIVIDAD

Libro de registro del recién nacido

ESTADO DE ÁNIMO DEL BEBÉ

FECHA

COMIDA

AM

Tiempo	Comida	Cantidad

PM

Tiempo	Comida	Cantidad

DORMIR

AM

Inicio	Fin	Duración

PM

Inicio	Fin	Duración

PAÑALES

pipí caca Tiempo

pipí caca Tiempo

NOTAS DE ACTIVIDAD

Libro de registro del recién nacido

ESTADO DE ÁNIMO DEL BEBÉ   😁 ☹️ 😌 😐 😠   **FECHA**

COMIDA

AM			PM		
Tiempo	Comida	Cantidad	Tiempo	Comida	Cantidad

DORMIR

AM			PM		
Inicio	Fin	Duración	Inicio	Fin	Duración

PAÑALES

pipí	caca	Tiempo	pipí	caca	Tiempo
○	○		○	○	
○	○		○	○	
○	○		○	○	

NOTAS DE ACTIVIDAD

Libro de registro del recién nacido

ESTADO DE ÁNIMO DEL BEBÉ

FECHA

COMIDA

AM

Tiempo	Comida	Cantidad

PM

Tiempo	Comida	Cantidad

DORMIR

AM

Inicio	Fin	Duración

PM

Inicio	Fin	Duración

PAÑALES

pipí	caca	Tiempo
○	○	
○	○	
○	○	

pipí	caca	Tiempo
○	○	
○	○	
○	○	

NOTAS DE ACTIVIDAD

Libro de registro del recién nacido

ESTADO DE ÁNIMO DEL BEBÉ

FECHA

AM

COMIDA

PM

Tiempo	Comida	Cantidad		Tiempo	Comida	Cantidad

DORMIR

AM

PM

Inicio	Fin	Duración		Inicio	Fin	Duración

PAÑALES

pipí	caca	Tiempo		pipí	caca	Tiempo

NOTAS DE ACTIVIDAD

Libro de registro del recién nacido

ESTADO DE ÁNIMO DEL BEBÉ 😁 ☹️ 😌 😐 😠 **FECHA**

COMIDA

AM			**PM**		
Tiempo	Comida	Cantidad	Tiempo	Comida	Cantidad

DORMIR

AM			**PM**		
Inicio	Fin	Duración	Inicio	Fin	Duración

PAÑALES

pipí	caca	Tiempo	pipí	caca	Tiempo
○	○		○	○	
○	○		○	○	
○	○		○	○	

NOTAS DE ACTIVIDAD

Libro de registro del recién nacido

ESTADO DE ÁNIMO DEL BEBÉ   😁 ☹️ 😌 😐 😠   **FECHA**

COMIDA

	AM			PM	
Tiempo	Comida	Cantidad	Tiempo	Comida	Cantidad

DORMIR

	AM			PM	
Inicio	Fin	Duración	Inicio	Fin	Duración

PAÑALES

pipí	caca	Tiempo		pipí	caca	Tiempo
○	○			○	○	
○	○			○	○	
○	○			○	○	

NOTAS DE ACTIVIDAD

Libro de registro del recién nacido

ESTADO DE ÁNIMO DEL BEBÉ 😁 ☹ 😌 😐 😠 **FECHA**

COMIDA

AM			PM		
Tiempo	Comida	Cantidad	Tiempo	Comida	Cantidad

DORMIR

AM			PM		
Inicio	Fin	Duración	Inicio	Fin	Duración

PAÑALES

pipí	caca	Tiempo	pipí	caca	Tiempo
○	○		○	○	
○	○		○	○	
○	○		○	○	

NOTAS DE ACTIVIDAD

Libro de registro del recién nacido

ESTADO DE ÁNIMO DEL BEBÉ

FECHA

COMIDA

AM			PM		
Tiempo	Comida	Cantidad	Tiempo	Comida	Cantidad

DORMIR

AM			PM		
Inicio	Fin	Duración	Inicio	Fin	Duración

PAÑALES

pipí	caca	Tiempo	pipí	caca	Tiempo

NOTAS DE ACTIVIDAD

Libro de registro del recién nacido

ESTADO DE ÁNIMO DEL BEBÉ

FECHA

COMIDA

AM

Tiempo	Comida	Cantidad

PM

Tiempo	Comida	Cantidad

DORMIR

AM

Inicio	Fin	Duración

PM

Inicio	Fin	Duración

PAÑALES

pipí	caca	Tiempo

pipí	caca	Tiempo

NOTAS DE ACTIVIDAD

Libro de registro del recién nacido

ESTADO DE ÁNIMO DEL BEBÉ

😁 ☹ 😌 😐 😠

FECHA

COMIDA

AM

Tiempo	Comida	Cantidad

PM

Tiempo	Comida	Cantidad

DORMIR

AM

Inicio	Fin	Duración

PM

Inicio	Fin	Duración

PAÑALES

pipí	caca	Tiempo		pipí	caca	Tiempo
○	○			○	○	
○	○			○	○	
○	○			○	○	

NOTAS DE ACTIVIDAD

Libro de registro del recién nacido

ESTADO DE ÁNIMO DEL BEBÉ   😁 ☹ 😌 😐 😠   **FECHA**

COMIDA

AM			PM		
Tiempo	Comida	Cantidad	Tiempo	Comida	Cantidad

DORMIR

AM			PM		
Inicio	Fin	Duración	Inicio	Fin	Duración

PAÑALES

pipí	caca	Tiempo	pipí	caca	Tiempo
○	○		○	○	
○	○		○	○	
○	○		○	○	

NOTAS DE ACTIVIDAD

Libro de registro del recién nacido

ESTADO DE ÁNIMO DEL BEBÉ   😁 ☹️ 😌 😐 😠   **FECHA**

COMIDA

AM			PM		
Tiempo	Comida	Cantidad	Tiempo	Comida	Cantidad
___	___	___	___	___	___
___	___	___	___	___	___
___	___	___	___	___	___
___	___	___	___	___	___
___	___	___	___	___	___
___	___	___	___	___	___

DORMIR

AM			PM		
Inicio	Fin	Duración	Inicio	Fin	Duración
___	___	___	___	___	___
___	___	___	___	___	___
___	___	___	___	___	___
___	___	___	___	___	___
___	___	___	___	___	___
___	___	___	___	___	___

PAÑALES

pipí	caca	Tiempo	pipí	caca	Tiempo
O	O	___	O	O	___
O	O	___	O	O	___
O	O	___	O	O	___

NOTAS DE ACTIVIDAD

Libro de registro del recién nacido

ESTADO DE ÁNIMO DEL BEBÉ 😁 ☹️ 😌 😐 😠 **FECHA**

COMIDA

AM			**PM**		
Tiempo	Comida	Cantidad	Tiempo	Comida	Cantidad
____	____	____	____	____	____
____	____	____	____	____	____
____	____	____	____	____	____
____	____	____	____	____	____
____	____	____	____	____	____
____	____	____	____	____	____

DORMIR

AM			**PM**		
Inicio	Fin	Duración	Inicio	Fin	Duración
____	____	____	____	____	____
____	____	____	____	____	____
____	____	____	____	____	____
____	____	____	____	____	____
____	____	____	____	____	____

PAÑALES

pipí	caca	Tiempo	pipí	caca	Tiempo
◯	◯	____	◯	◯	____
◯	◯	____	◯	◯	____
◯	◯	____	◯	◯	____

NOTAS DE ACTIVIDAD

Libro de registro del recién nacido

ESTADO DE ÁNIMO DEL BEBÉ

FECHA

COMIDA

AM				PM		
Tiempo	Comida	Cantidad		Tiempo	Comida	Cantidad

DORMIR

AM				PM		
Inicio	Fin	Duración		Inicio	Fin	Duración

PAÑALES

pipí	caca	Tiempo		pipí	caca	Tiempo
○	○			○	○	
○	○			○	○	
○	○			○	○	

NOTAS DE ACTIVIDAD

Libro de registro del recién nacido

ESTADO DE ÁNIMO DEL BEBÉ

FECHA

COMIDA

AM			PM		
Tiempo	Comida	Cantidad	Tiempo	Comida	Cantidad

DORMIR

AM			PM		
Inicio	Fin	Duración	Inicio	Fin	Duración

PAÑALES

pipí	caca	Tiempo	pipí	caca	Tiempo
O	O		O	O	
O	O		O	O	
O	O		O	O	

NOTAS DE ACTIVIDAD

Libro de registro del recién nacido

ESTADO DE ÁNIMO DEL BEBÉ

FECHA

COMIDA

	AM			PM	
Tiempo	Comida	Cantidad	Tiempo	Comida	Cantidad

DORMIR

	AM			PM	
Inicio	Fin	Duración	Inicio	Fin	Duración

PAÑALES

pipí	caca	Tiempo	pipí	caca	Tiempo
O	O		O	O	
O	O		O	O	
O	O		O	O	

NOTAS DE ACTIVIDAD

Libro de registro del recién nacido

ESTADO DE ÁNIMO DEL BEBÉ

😁 ☹️ 😌 😐 😠

FECHA

COMIDA

AM

Tiempo	Comida	Cantidad

PM

Tiempo	Comida	Cantidad

DORMIR

AM

Inicio	Fin	Duración

PM

Inicio	Fin	Duración

PAÑALES

pipí	caca	Tiempo		pipí	caca	Tiempo
◯	◯			◯	◯	
◯	◯			◯	◯	
◯	◯			◯	◯	

NOTAS DE ACTIVIDAD

Libro de registro del recién nacido

ESTADO DE ÁNIMO DEL BEBÉ

FECHA

COMIDA

	AM			PM	
Tiempo	Comida	Cantidad	Tiempo	Comida	Cantidad

DORMIR

	AM			PM	
Inicio	Fin	Duración	Inicio	Fin	Duración

PAÑALES

pipí	caca	Tiempo	pipí	caca	Tiempo
○	○		○	○	
○	○		○	○	
○	○		○	○	

NOTAS DE ACTIVIDAD

Libro de registro del recién nacido

ESTADO DE ÁNIMO DEL BEBÉ   **FECHA**

AM   **COMIDA**   **PM**

Tiempo	Comida	Cantidad		Tiempo	Comida	Cantidad

DORMIR

AM   **PM**

Inicio	Fin	Duración		Inicio	Fin	Duración

PAÑALES

pipí caca Tiempo   pipí caca Tiempo

NOTAS DE ACTIVIDAD

Libro de registro del recién nacido

ESTADO DE ÁNIMO DEL BEBÉ

FECHA

COMIDA

AM

Tiempo	Comida	Cantidad

PM

Tiempo	Comida	Cantidad

DORMIR

AM

Inicio	Fin	Duración

PM

Inicio	Fin	Duración

PAÑALES

pipí	caca	Tiempo
○	○	
○	○	
○	○	

pipí	caca	Tiempo
○	○	
○	○	
○	○	

NOTAS DE ACTIVIDAD

Libro de registro del recién nacido

ESTADO DE ÁNIMO DEL BEBÉ 😁 ☹️ 😌 😐 😠 **FECHA**

COMIDA

AM			PM		
Tiempo	Comida	Cantidad	Tiempo	Comida	Cantidad

DORMIR

AM			PM		
Inicio	Fin	Duración	Inicio	Fin	Duración

PAÑALES

pipí	caca	Tiempo		pipí	caca	Tiempo
○	○			○	○	
○	○			○	○	
○	○			○	○	

NOTAS DE ACTIVIDAD

Libro de registro del recién nacido

ESTADO DE ÁNIMO DEL BEBÉ 😁 ☹ 😌 😐 😠 **FECHA**

COMIDA

AM				PM		
Tiempo	Comida	Cantidad		Tiempo	Comida	Cantidad

DORMIR

AM				PM		
Inicio	Fin	Duración		Inicio	Fin	Duración

PAÑALES

pipí	caca	Tiempo		pipí	caca	Tiempo
◯	◯	————		◯	◯	————
◯	◯	————		◯	◯	————
◯	◯	————		◯	◯	————

NOTAS DE ACTIVIDAD

Libro de registro del recién nacido

ESTADO DE ÁNIMO DEL BEBÉ 😁 ☹ 😌 😐 😠 **FECHA**

COMIDA

AM

Tiempo	Comida	Cantidad		Tiempo	Comida	Cantidad

PM

DORMIR

AM

Inicio	Fin	Duración		Inicio	Fin	Duración

PM

PAÑALES

pipí caca Tiempo   pipí caca Tiempo

NOTAS DE ACTIVIDAD

Libro de registro del recién nacido

ESTADO DE ÁNIMO DEL BEBÉ

FECHA

COMIDA

AM

Tiempo	Comida	Cantidad		Tiempo	Comida	Cantidad

PM

DORMIR

AM

Inicio	Fin	Duración		Inicio	Fin	Duración

PM

PAÑALES

pipí	caca	Tiempo		pipí	caca	Tiempo

NOTAS DE ACTIVIDAD

Libro de registro del recién nacido

ESTADO DE ÁNIMO DEL BEBÉ

FECHA

COMIDA

AM

Tiempo	Comida	Cantidad

PM

Tiempo	Comida	Cantidad

DORMIR

AM

Inicio	Fin	Duración

PM

Inicio	Fin	Duración

PAÑALES

pipí	caca	Tiempo		pipí	caca	Tiempo
○	○			○	○	
○	○			○	○	
○	○			○	○	

NOTAS DE ACTIVIDAD

Libro de registro del recién nacido

ESTADO DE ÁNIMO DEL BEBÉ

FECHA

COMIDA

AM

Tiempo	Comida	Cantidad

PM

Tiempo	Comida	Cantidad

DORMIR

AM

Inicio	Fin	Duración

PM

Inicio	Fin	Duración

PAÑALES

pipí	caca	Tiempo	pipí	caca	Tiempo
○	○		○	○	
○	○		○	○	
○	○		○	○	

NOTAS DE ACTIVIDAD

Libro de registro del recién nacido

ESTADO DE ÁNIMO DEL BEBÉ

FECHA

COMIDA

AM

Tiempo	Comida	Cantidad

PM

Tiempo	Comida	Cantidad

DORMIR

AM

Inicio	Fin	Duración

PM

Inicio	Fin	Duración

PAÑALES

pipí caca Tiempo   pipí caca Tiempo

NOTAS DE ACTIVIDAD

Libro de registro del recién nacido

ESTADO DE ÁNIMO DEL BEBÉ

FECHA

COMIDA

AM

Tiempo	Comida	Cantidad

PM

Tiempo	Comida	Cantidad

DORMIR

AM

Inicio	Fin	Duración

PM

Inicio	Fin	Duración

PAÑALES

pipí caca Tiempo

pipí caca Tiempo

NOTAS DE ACTIVIDAD

Libro de registro del recién nacido

ESTADO DE ÁNIMO DEL BEBÉ 😁 ☹️ 😌 😐 😠 **FECHA**

COMIDA

	AM				PM	
Tiempo	Comida	Cantidad		Tiempo	Comida	Cantidad

DORMIR

	AM				PM	
Inicio	Fin	Duración		Inicio	Fin	Duración

PAÑALES

pipí	caca	Tiempo		pipí	caca	Tiempo
○	○	——		○	○	——
○	○	——		○	○	——
○	○	——		○	○	——

NOTAS DE ACTIVIDAD

Libro de registro del recién nacido

ESTADO DE ÁNIMO DEL BEBÉ

FECHA

COMIDA

AM				PM		
Tiempo	Comida	Cantidad		Tiempo	Comida	Cantidad

DORMIR

AM				PM		
Inicio	Fin	Duración		Inicio	Fin	Duración

PAÑALES

pipí	caca	Tiempo		pipí	caca	Tiempo

NOTAS DE ACTIVIDAD

Libro de registro del recién nacido

ESTADO DE ÁNIMO DEL BEBÉ   😁 ☹️ 😌 😐 😠   **FECHA**

COMIDA

AM

Tiempo	Comida	Cantidad
____	____	____
____	____	____
____	____	____
____	____	____
____	____	____
____	____	____

PM

Tiempo	Comida	Cantidad
____	____	____
____	____	____
____	____	____
____	____	____
____	____	____
____	____	____

DORMIR

AM

Inicio	Fin	Duración
____	____	____
____	____	____
____	____	____
____	____	____
____	____	____
____	____	____

PM

Inicio	Fin	Duración
____	____	____
____	____	____
____	____	____
____	____	____
____	____	____
____	____	____

PAÑALES

pipí	caca	Tiempo		pipí	caca	Tiempo
◯	◯	____		◯	◯	____
◯	◯	____		◯	◯	____
◯	◯	____		◯	◯	____

NOTAS DE ACTIVIDAD

Libro de registro del recién nacido

ESTADO DE ÁNIMO DEL BEBÉ

FECHA

COMIDA

AM				PM		
Tiempo	Comida	Cantidad		Tiempo	Comida	Cantidad

DORMIR

AM				PM		
Inicio	Fin	Duración		Inicio	Fin	Duración

PAÑALES

pipí	caca	Tiempo		pipí	caca	Tiempo

NOTAS DE ACTIVIDAD

Libro de registro del recién nacido

ESTADO DE ÁNIMO DEL BEBÉ

FECHA

COMIDA

	AM			PM	
Tiempo	Comida	Cantidad	Tiempo	Comida	Cantidad

DORMIR

	AM			PM	
Inicio	Fin	Duración	Inicio	Fin	Duración

PAÑALES

pipí	caca	Tiempo	pipí	caca	Tiempo

NOTAS DE ACTIVIDAD

Libro de registro del recién nacido

ESTADO DE ÁNIMO DEL BEBÉ

FECHA

COMIDA

AM

Tiempo	Comida	Cantidad

PM

Tiempo	Comida	Cantidad

DORMIR

AM

Inicio	Fin	Duración

PM

Inicio	Fin	Duración

PAÑALES

pipí	caca	Tiempo		pipí	caca	Tiempo
○	○			○	○	
○	○			○	○	
○	○			○	○	

NOTAS DE ACTIVIDAD

Libro de registro del recién nacido

ESTADO DE ÁNIMO DEL BEBÉ

FECHA

COMIDA

AM				PM		
Tiempo	Comida	Cantidad		Tiempo	Comida	Cantidad
——	——	——		——	——	——
——	——	——		——	——	——
——	——	——		——	——	——
——	——	——		——	——	——
——	——	——		——	——	——
——	——	——		——	——	——

DORMIR

AM				PM		
Inicio	Fin	Duración		Inicio	Fin	Duración
——	——	——		——	——	——
——	——	——		——	——	——
——	——	——		——	——	——
——	——	——		——	——	——
——	——	——		——	——	——

PAÑALES

pipí	caca	Tiempo		pipí	caca	Tiempo
O	O	——		O	O	——
O	O	——		O	O	——
O	O	——		O	O	——

NOTAS DE ACTIVIDAD

Libro de registro del recién nacido

ESTADO DE ÁNIMO DEL BEBÉ   😁 ☹️ 😌 😐 😠   **FECHA**

COMIDA

AM				PM		
Tiempo	Comida	Cantidad		Tiempo	Comida	Cantidad

DORMIR

AM				PM		
Inicio	Fin	Duración		Inicio	Fin	Duración

PAÑALES

pipí	caca	Tiempo		pipí	caca	Tiempo
○	○			○	○	
○	○			○	○	
○	○			○	○	

NOTAS DE ACTIVIDAD

Libro de registro del recién nacido

ESTADO DE ÁNIMO DEL BEBÉ

FECHA

COMIDA

AM

Tiempo	Comida	Cantidad
___	___	___
___	___	___
___	___	___
___	___	___
___	___	___
___	___	___

PM

Tiempo	Comida	Cantidad
___	___	___
___	___	___
___	___	___
___	___	___
___	___	___
___	___	___

DORMIR

AM

Inicio	Fin	Duración
___	___	___
___	___	___
___	___	___
___	___	___
___	___	___

PM

Inicio	Fin	Duración
___	___	___
___	___	___
___	___	___
___	___	___
___	___	___

PAÑALES

pipí	caca	Tiempo
O	O	___
O	O	___
O	O	___

pipí	caca	Tiempo
O	O	___
O	O	___
O	O	___

NOTAS DE ACTIVIDAD

Libro de registro del recién nacido

ESTADO DE ÁNIMO DEL BEBÉ   😁 ☹ 😌 😐 😠   **FECHA**

COMIDA

AM

Tiempo	Comida	Cantidad
___	___	___
___	___	___
___	___	___
___	___	___
___	___	___
___	___	___

PM

Tiempo	Comida	Cantidad
___	___	___
___	___	___
___	___	___
___	___	___
___	___	___
___	___	___

DORMIR

AM

Inicio	Fin	Duración
___	___	___
___	___	___
___	___	___
___	___	___
___	___	___
___	___	___

PM

Inicio	Fin	Duración
___	___	___
___	___	___
___	___	___
___	___	___
___	___	___
___	___	___

PAÑALES

pipí	caca	Tiempo		pipí	caca	Tiempo
○	○	___		○	○	___
○	○	___		○	○	___
○	○	___		○	○	___

NOTAS DE ACTIVIDAD

Libro de registro del recién nacido

ESTADO DE ÁNIMO DEL BEBÉ

😁 ☹️ 😌 😐 😠

FECHA

COMIDA

AM			PM		
Tiempo	Comida	Cantidad	Tiempo	Comida	Cantidad

DORMIR

AM			PM		
Inicio	Fin	Duración	Inicio	Fin	Duración

PAÑALES

pipí	caca	Tiempo	pipí	caca	Tiempo
○	○	——	○	○	——
○	○	——	○	○	——
○	○	——	○	○	——

NOTAS DE ACTIVIDAD

Libro de registro del recién nacido

ESTADO DE ÁNIMO DEL BEBÉ

😁 ☹ 😌 😐 😠

FECHA

AM			COMIDA	PM		
Tiempo	Comida	Cantidad		Tiempo	Comida	Cantidad

DORMIR

AM				PM		
Inicio	Fin	Duración		Inicio	Fin	Duración

PAÑALES

pipí	caca	Tiempo		pipí	caca	Tiempo
○	○	————		○	○	————
○	○	————		○	○	————
○	○	————		○	○	————

NOTAS DE ACTIVIDAD

Libro de registro del recién nacido

ESTADO DE ÁNIMO DEL BEBÉ

FECHA

COMIDA

AM				PM		
Tiempo	Comida	Cantidad		Tiempo	Comida	Cantidad

DORMIR

AM				PM		
Inicio	Fin	Duración		Inicio	Fin	Duración

PAÑALES

pipí	caca	Tiempo		pipí	caca	Tiempo

NOTAS DE ACTIVIDAD

Libro de registro del recién nacido

ESTADO DE ÁNIMO DEL BEBÉ

FECHA

AM · **COMIDA** · **PM**

Tiempo	Comida	Cantidad	Tiempo	Comida	Cantidad

AM · **DORMIR** · **PM**

Inicio	Fin	Duración	Inicio	Fin	Duración

PAÑALES

pipí caca Tiempo   pipí caca Tiempo

NOTAS DE ACTIVIDAD

Libro de registro del recién nacido

ESTADO DE ÁNIMO DEL BEBÉ

FECHA

COMIDA

AM				PM	
Tiempo	Comida	Cantidad	Tiempo	Comida	Cantidad

DORMIR

AM				PM	
Inicio	Fin	Duración	Inicio	Fin	Duración

PAÑALES

pipí	caca	Tiempo	pipí	caca	Tiempo

NOTAS DE ACTIVIDAD

Libro de registro del recién nacido

ESTADO DE ÁNIMO DEL BEBÉ   **FECHA**

COMIDA

	AM				PM	
Tiempo	Comida	Cantidad		Tiempo	Comida	Cantidad
———	———	———		———	———	———
———	———	———		———	———	———
———	———	———		———	———	———
———	———	———		———	———	———
———	———	———		———	———	———
———	———	———		———	———	———

DORMIR

	AM				PM	
Inicio	Fin	Duración		Inicio	Fin	Duración
———	———	———		———	———	———
———	———	———		———	———	———
———	———	———		———	———	———
———	———	———		———	———	———
———	———	———		———	———	———
———	———	———		———	———	———

PAÑALES

pipí	caca	Tiempo		pipí	caca	Tiempo
O	O	———		O	O	———
O	O	———		O	O	———
O	O	———		O	O	———

NOTAS DE ACTIVIDAD

Libro de registro del recién nacido

ESTADO DE ÁNIMO DEL BEBÉ

FECHA

COMIDA

AM

Tiempo	Comida	Cantidad

PM

Tiempo	Comida	Cantidad

DORMIR

AM

Inicio	Fin	Duración

PM

Inicio	Fin	Duración

PAÑALES

pipí	caca	Tiempo	pipí	caca	Tiempo
○	○		○	○	
○	○		○	○	
○	○		○	○	

NOTAS DE ACTIVIDAD

Libro de registro del recién nacido

ESTADO DE ÁNIMO DEL BEBÉ

FECHA

COMIDA

AM

Tiempo	Comida	Cantidad

PM

Tiempo	Comida	Cantidad

DORMIR

AM

Inicio	Fin	Duración

PM

Inicio	Fin	Duración

PAÑALES

pipí	caca	Tiempo
O	O	
O	O	
O	O	

pipí	caca	Tiempo
O	O	
O	O	
O	O	

NOTAS DE ACTIVIDAD

Libro de registro del recién nacido

ESTADO DE ÁNIMO DEL BEBÉ

FECHA

COMIDA

AM				PM		
Tiempo	Comida	Cantidad		Tiempo	Comida	Cantidad

DORMIR

AM				PM		
Inicio	Fin	Duración		Inicio	Fin	Duración

PAÑALES

pipí	caca	Tiempo		pipí	caca	Tiempo

NOTAS DE ACTIVIDAD

Libro de registro del recién nacido

ESTADO DE ÁNIMO DEL BEBÉ

FECHA

COMIDA

AM

Tiempo	Comida	Cantidad

PM

Tiempo	Comida	Cantidad

DORMIR

AM

Inicio	Fin	Duración

PM

Inicio	Fin	Duración

PAÑALES

pipí caca Tiempo

pipí caca Tiempo

NOTAS DE ACTIVIDAD

Libro de registro del recién nacido

ESTADO DE ÁNIMO DEL BEBÉ

FECHA

COMIDA

AM			PM		
Tiempo	Comida	Cantidad	Tiempo	Comida	Cantidad
___	___	___	___	___	___
___	___	___	___	___	___
___	___	___	___	___	___
___	___	___	___	___	___
___	___	___	___	___	___
___	___	___	___	___	___

DORMIR

AM			PM		
Inicio	Fin	Duración	Inicio	Fin	Duración
___	___	___	___	___	___
___	___	___	___	___	___
___	___	___	___	___	___
___	___	___	___	___	___
___	___	___	___	___	___
___	___	___	___	___	___

PAÑALES

pipí	caca	Tiempo	pipí	caca	Tiempo
O	O	___	O	O	___
O	O	___	O	O	___
O	O	___	O	O	___

NOTAS DE ACTIVIDAD

Libro de registro del recién nacido

ESTADO DE ÁNIMO DEL BEBÉ

FECHA

COMIDA

AM

Tiempo	Comida	Cantidad

PM

Tiempo	Comida	Cantidad

DORMIR

AM

Inicio	Fin	Duración

PM

Inicio	Fin	Duración

PAÑALES

pipí caca Tiempo

pipí caca Tiempo

NOTAS DE ACTIVIDAD

Libro de registro del recién nacido

ESTADO DE ÁNIMO DEL BEBÉ

FECHA

COMIDA

AM			PM		
Tiempo	Comida	Cantidad	Tiempo	Comida	Cantidad

DORMIR

AM			PM		
Inicio	Fin	Duración	Inicio	Fin	Duración

PAÑALES

pipí	caca	Tiempo	pipí	caca	Tiempo
O	O		O	O	
O	O		O	O	
O	O		O	O	

NOTAS DE ACTIVIDAD

Libro de registro del recién nacido

ESTADO DE ÁNIMO DEL BEBÉ

FECHA

COMIDA

AM

Tiempo	Comida	Cantidad

PM

Tiempo	Comida	Cantidad

DORMIR

AM

Inicio	Fin	Duración

PM

Inicio	Fin	Duración

PAÑALES

pipí	caca	Tiempo
○	○	
○	○	
○	○	

pipí	caca	Tiempo
○	○	
○	○	
○	○	

NOTAS DE ACTIVIDAD

Libro de registro del recién nacido

ESTADO DE ÁNIMO DEL BEBÉ

FECHA

COMIDA

AM

Tiempo	Comida	Cantidad

PM

Tiempo	Comida	Cantidad

DORMIR

AM

Inicio	Fin	Duración

PM

Inicio	Fin	Duración

PAÑALES

pipí	caca	Tiempo
O	O	
O	O	
O	O	

pipí	caca	Tiempo
O	O	
O	O	
O	O	

NOTAS DE ACTIVIDAD

Libro de registro del recién nacido

ESTADO DE ÁNIMO DEL BEBÉ 😁 ☹️ 😌 😐 😠 **FECHA**

COMIDA

	AM			PM	
Tiempo	Comida	Cantidad	Tiempo	Comida	Cantidad

DORMIR

	AM			PM	
Inicio	Fin	Duración	Inicio	Fin	Duración

PAÑALES

pipí	caca	Tiempo		pipí	caca	Tiempo
○	○	——		○	○	——
○	○	——		○	○	——
○	○	——		○	○	——

NOTAS DE ACTIVIDAD

Libro de registro del recién nacido

ESTADO DE ÁNIMO DEL BEBÉ

FECHA

COMIDA

AM				PM		
Tiempo	Comida	Cantidad		Tiempo	Comida	Cantidad

DORMIR

AM				PM		
Inicio	Fin	Duración		Inicio	Fin	Duración

PAÑALES

pipí	caca	Tiempo		pipí	caca	Tiempo

NOTAS DE ACTIVIDAD

Libro de registro del recién nacido

ESTADO DE ÁNIMO DEL BEBÉ

FECHA

COMIDA

AM				PM	
Tiempo	Comida	Cantidad	Tiempo	Comida	Cantidad

DORMIR

AM				PM	
Inicio	Fin	Duración	Inicio	Fin	Duración

PAÑALES

pipí	caca	Tiempo		pipí	caca	Tiempo
○	○			○	○	
○	○			○	○	
○	○			○	○	

NOTAS DE ACTIVIDAD

Libro de registro del recién nacido

ESTADO DE ÁNIMO DEL BEBÉ

😁 ☹ 😌 😐 😠

FECHA

COMIDA

AM			**PM**		
Tiempo	Comida	Cantidad	Tiempo	Comida	Cantidad

DORMIR

AM			**PM**		
Inicio	Fin	Duración	Inicio	Fin	Duración

PAÑALES

pipí	caca	Tiempo	pipí	caca	Tiempo

NOTAS DE ACTIVIDAD

Libro de registro del recién nacido

ESTADO DE ÁNIMO DEL BEBÉ

FECHA

COMIDA

AM

Tiempo	Comida	Cantidad		Tiempo	Comida	Cantidad

PM

DORMIR

AM

Inicio	Fin	Duración		Inicio	Fin	Duración

PM

PAÑALES

pipí	caca	Tiempo		pipí	caca	Tiempo
O	O			O	O	
O	O			O	O	
O	O			O	O	

NOTAS DE ACTIVIDAD

Libro de registro del recién nacido

ESTADO DE ÁNIMO DEL BEBÉ 😁 ☹ 😌 😐 😠   **FECHA**

COMIDA

AM			PM		
Tiempo	Comida	Cantidad	Tiempo	Comida	Cantidad

DORMIR

AM			PM		
Inicio	Fin	Duración	Inicio	Fin	Duración

PAÑALES

pipí	caca	Tiempo	pipí	caca	Tiempo
◯	◯		◯	◯	
◯	◯		◯	◯	
◯	◯		◯	◯	

NOTAS DE ACTIVIDAD

Libro de registro del recién nacido

ESTADO DE ÁNIMO DEL BEBÉ

FECHA

AM
COMIDA
PM

Tiempo	Comida	Cantidad	Tiempo	Comida	Cantidad

AM
DORMIR
PM

Inicio	Fin	Duración	Inicio	Fin	Duración

PAÑALES

pipí caca Tiempo

pipí caca Tiempo

NOTAS DE ACTIVIDAD

Libro de registro del recién nacido

ESTADO DE ÁNIMO DEL BEBÉ

FECHA

COMIDA

AM

Tiempo	Comida	Cantidad

PM

Tiempo	Comida	Cantidad

DORMIR

AM

Inicio	Fin	Duración

PM

Inicio	Fin	Duración

PAÑALES

pipí	caca	Tiempo		pipí	caca	Tiempo
○	○			○	○	
○	○			○	○	
○	○			○	○	

NOTAS DE ACTIVIDAD

Libro de registro del recién nacido

ESTADO DE ÁNIMO DEL BEBÉ   😁 ☹️ 😌 😐 😠   **FECHA**

COMIDA

AM

Tiempo	Comida	Cantidad
___	___	___
___	___	___
___	___	___
___	___	___
___	___	___
___	___	___

PM

Tiempo	Comida	Cantidad
___	___	___
___	___	___
___	___	___
___	___	___
___	___	___
___	___	___

DORMIR

AM

Inicio	Fin	Duración
___	___	___
___	___	___
___	___	___
___	___	___
___	___	___

PM

Inicio	Fin	Duración
___	___	___
___	___	___
___	___	___
___	___	___
___	___	___

PAÑALES

pipí	caca	Tiempo	pipí	caca	Tiempo
O	O	___	O	O	___
O	O	___	O	O	___
O	O	___	O	O	___

NOTAS DE ACTIVIDAD

Libro de registro del recién nacido

ESTADO DE ÁNIMO DEL BEBÉ   😁 ☹️ 😌 😐 😠   **FECHA**

COMIDA

AM			PM		
Tiempo	Comida	Cantidad	Tiempo	Comida	Cantidad

DORMIR

AM			PM		
Inicio	Fin	Duración	Inicio	Fin	Duración

PAÑALES

pipí	caca	Tiempo	pipí	caca	Tiempo
○	○		○	○	
○	○		○	○	
○	○		○	○	

NOTAS DE ACTIVIDAD

Libro de registro del recién nacido

ESTADO DE ÁNIMO DEL BEBÉ

FECHA

COMIDA

AM			PM		
Tiempo	Comida	Cantidad	Tiempo	Comida	Cantidad

DORMIR

AM			PM		
Inicio	Fin	Duración	Inicio	Fin	Duración

PAÑALES

pipí	caca	Tiempo		pipí	caca	Tiempo

NOTAS DE ACTIVIDAD

Libro de registro del recién nacido

ESTADO DE ÁNIMO DEL BEBÉ

FECHA

COMIDA

AM

Tiempo	Comida	Cantidad

PM

Tiempo	Comida	Cantidad

DORMIR

AM

Inicio	Fin	Duración

PM

Inicio	Fin	Duración

PAÑALES

pipí	caca	Tiempo

pipí	caca	Tiempo

NOTAS DE ACTIVIDAD

Libro de registro del recién nacido

ESTADO DE ÁNIMO DEL BEBÉ

FECHA

COMIDA

AM			PM		
Tiempo	Comida	Cantidad	Tiempo	Comida	Cantidad

DORMIR

AM			PM		
Inicio	Fin	Duración	Inicio	Fin	Duración

PAÑALES

pipí	caca	Tiempo	pipí	caca	Tiempo

NOTAS DE ACTIVIDAD

Libro de registro del recién nacido

ESTADO DE ÁNIMO DEL BEBÉ
😁 ☹ 😌 😐 😠

FECHA

COMIDA

AM

Tiempo	Comida	Cantidad

PM

Tiempo	Comida	Cantidad

DORMIR

AM

Inicio	Fin	Duración

PM

Inicio	Fin	Duración

PAÑALES

pipí	caca	Tiempo		pipí	caca	Tiempo
○	○			○	○	
○	○			○	○	
○	○			○	○	

NOTAS DE ACTIVIDAD

Libro de registro del recién nacido

ESTADO DE ÁNIMO DEL BEBÉ

FECHA

AM COMIDA **PM**

Tiempo	Comida	Cantidad		Tiempo	Comida	Cantidad

DORMIR

AM **PM**

Inicio	Fin	Duración		Inicio	Fin	Duración

PAÑALES

pipí caca Tiempo   pipí caca Tiempo

NOTAS DE ACTIVIDAD

Libro de registro del recién nacido

ESTADO DE ÁNIMO DEL BEBÉ

FECHA

COMIDA

AM				PM		
Tiempo	Comida	Cantidad		Tiempo	Comida	Cantidad

DORMIR

AM				PM		
Inicio	Fin	Duración		Inicio	Fin	Duración

PAÑALES

pipí	caca	Tiempo		pipí	caca	Tiempo
○	○	——		○	○	——
○	○	——		○	○	——
○	○	——		○	○	——

NOTAS DE ACTIVIDAD

Libro de registro del recién nacido

ESTADO DE ÁNIMO DEL BEBÉ

FECHA

COMIDA

AM			PM		
Tiempo	Comida	Cantidad	Tiempo	Comida	Cantidad

DORMIR

AM			PM		
Inicio	Fin	Duración	Inicio	Fin	Duración

PAÑALES

pipí	caca	Tiempo	pipí	caca	Tiempo
○	○		○	○	
○	○		○	○	
○	○		○	○	

NOTAS DE ACTIVIDAD

Libro de registro del recién nacido

ESTADO DE ÁNIMO DEL BEBÉ   😁 ☹️ 😌 😐 😠   **FECHA**

COMIDA

| AM | | | | PM | | |
Tiempo	Comida	Cantidad		Tiempo	Comida	Cantidad

DORMIR

| AM | | | | PM | | |
Inicio	Fin	Duración		Inicio	Fin	Duración

PAÑALES

pipí	caca	Tiempo		pipí	caca	Tiempo
◯	◯			◯	◯	
◯	◯			◯	◯	
◯	◯			◯	◯	

NOTAS DE ACTIVIDAD

Libro de registro del recién nacido

ESTADO DE ÁNIMO DEL BEBÉ

FECHA

COMIDA

AM				PM		
Tiempo	Comida	Cantidad		Tiempo	Comida	Cantidad

DORMIR

AM				PM		
Inicio	Fin	Duración		Inicio	Fin	Duración

PAÑALES

pipí	caca	Tiempo		pipí	caca	Tiempo
◯	◯	———		◯	◯	———
◯	◯	———		◯	◯	———
◯	◯	———		◯	◯	———

NOTAS DE ACTIVIDAD

Libro de registro del recién nacido

ESTADO DE ÁNIMO DEL BEBÉ   😁 ☹ 😌 😐 😠   **FECHA**

COMIDA

AM

Tiempo	Comida	Cantidad

PM

Tiempo	Comida	Cantidad

DORMIR

AM

Inicio	Fin	Duración

PM

Inicio	Fin	Duración

PAÑALES

pipí caca Tiempo   pipí caca Tiempo

NOTAS DE ACTIVIDAD

Libro de registro del recién nacido

ESTADO DE ÁNIMO DEL BEBÉ

FECHA

COMIDA

AM

Tiempo	Comida	Cantidad

PM

Tiempo	Comida	Cantidad

DORMIR

AM

Inicio	Fin	Duración

PM

Inicio	Fin	Duración

PAÑALES

pipí	caca	Tiempo		pipí	caca	Tiempo
○	○			○	○	
○	○			○	○	
○	○			○	○	

NOTAS DE ACTIVIDAD

Libro de registro del recién nacido

ESTADO DE ÁNIMO DEL BEBÉ

FECHA

COMIDA

AM			PM		
Tiempo	Comida	Cantidad	Tiempo	Comida	Cantidad

DORMIR

AM			PM		
Inicio	Fin	Duración	Inicio	Fin	Duración

PAÑALES

pipí	caca	Tiempo	pipí	caca	Tiempo

NOTAS DE ACTIVIDAD

Libro de registro del recién nacido

ESTADO DE ÁNIMO DEL BEBÉ

FECHA

COMIDA

AM

Tiempo	Comida	Cantidad

PM

Tiempo	Comida	Cantidad

DORMIR

AM

Inicio	Fin	Duración

PM

Inicio	Fin	Duración

PAÑALES

pipí	caca	Tiempo

pipí	caca	Tiempo

NOTAS DE ACTIVIDAD

Libro de registro del recién nacido

ESTADO DE ÁNIMO DEL BEBÉ 😁 ☹️ 😌 😐 😠 **FECHA**

COMIDA

AM			PM		
Tiempo	Comida	Cantidad	Tiempo	Comida	Cantidad

DORMIR

AM			PM		
Inicio	Fin	Duración	Inicio	Fin	Duración

PAÑALES

pipí	caca	Tiempo	pipí	caca	Tiempo
○	○		○	○	
○	○		○	○	
○	○		○	○	

NOTAS DE ACTIVIDAD

Libro de registro del recién nacido

ESTADO DE ÁNIMO DEL BEBÉ 😁 ☹ 😌 😐 😠 **FECHA**

COMIDA

AM			PM		
Tiempo	Comida	Cantidad	Tiempo	Comida	Cantidad
―――	―――	―――	―――	―――	―――
―――	―――	―――	―――	―――	―――
―――	―――	―――	―――	―――	―――
―――	―――	―――	―――	―――	―――
―――	―――	―――	―――	―――	―――
―――	―――	―――	―――	―――	―――

DORMIR

AM			PM		
Inicio	Fin	Duración	Inicio	Fin	Duración
―――	―――	―――	―――	―――	―――
―――	―――	―――	―――	―――	―――
―――	―――	―――	―――	―――	―――
―――	―――	―――	―――	―――	―――
―――	―――	―――	―――	―――	―――
―――	―――	―――	―――	―――	―――

PAÑALES

pipí	caca	Tiempo	pipí	caca	Tiempo
○	○	―――	○	○	―――
○	○	―――	○	○	―――
○	○	―――	○	○	―――

NOTAS DE ACTIVIDAD

Libro de registro del recién nacido

ESTADO DE ÁNIMO DEL BEBÉ   😁 ☹ 😌 😐 😠   **FECHA**

COMIDA

AM			PM		
Tiempo	Comida	Cantidad	Tiempo	Comida	Cantidad

DORMIR

AM			PM		
Inicio	Fin	Duración	Inicio	Fin	Duración

PAÑALES

pipí	caca	Tiempo	pipí	caca	Tiempo
○	○	——	○	○	——
○	○	——	○	○	——
○	○	——	○	○	——

NOTAS DE ACTIVIDAD

Libro de registro del recién nacido

ESTADO DE ÁNIMO DEL BEBÉ

FECHA

COMIDA

AM

Tiempo	Comida	Cantidad

PM

Tiempo	Comida	Cantidad

DORMIR

AM

Inicio	Fin	Duración

PM

Inicio	Fin	Duración

PAÑALES

pipí	caca	Tiempo
◯	◯	
◯	◯	
◯	◯	

pipí	caca	Tiempo
◯	◯	
◯	◯	
◯	◯	

NOTAS DE ACTIVIDAD

Libro de registro del recién nacido

ESTADO DE ÁNIMO DEL BEBÉ   😁 ☹️ 😌 😐 😠   **FECHA**

COMIDA

AM				PM		
Tiempo	Comida	Cantidad		Tiempo	Comida	Cantidad
___	___	___		___	___	___
___	___	___		___	___	___
___	___	___		___	___	___
___	___	___		___	___	___
___	___	___		___	___	___
___	___	___		___	___	___

DORMIR

AM				PM		
Inicio	Fin	Duración		Inicio	Fin	Duración
___	___	___		___	___	___
___	___	___		___	___	___
___	___	___		___	___	___
___	___	___		___	___	___
___	___	___		___	___	___
___	___	___		___	___	___

PAÑALES

pipí	caca	Tiempo		pipí	caca	Tiempo
◯	◯	———		◯	◯	———
◯	◯	———		◯	◯	———
◯	◯	———		◯	◯	———

NOTAS DE ACTIVIDAD

Libro de registro del recién nacido

ESTADO DE ÁNIMO DEL BEBÉ 😁 ☹ 😌 😐 😠 **FECHA**

COMIDA

| AM | | | | PM | | |
Tiempo	Comida	Cantidad		Tiempo	Comida	Cantidad
___	___	___		___	___	___
___	___	___		___	___	___
___	___	___		___	___	___
___	___	___		___	___	___
___	___	___		___	___	___
___	___	___		___	___	___

DORMIR

| AM | | | | PM | | |
Inicio	Fin	Duración		Inicio	Fin	Duración
___	___	___		___	___	___
___	___	___		___	___	___
___	___	___		___	___	___
___	___	___		___	___	___
___	___	___		___	___	___
___	___	___		___	___	___

PAÑALES

pipí	caca	Tiempo		pipí	caca	Tiempo
◯	◯	___		◯	◯	___
◯	◯	___		◯	◯	___
◯	◯	___		◯	◯	___

NOTAS DE ACTIVIDAD

Libro de registro del recién nacido

ESTADO DE ÁNIMO DEL BEBÉ

😁 ☹ 😌 😐 😠

FECHA

COMIDA

AM			**PM**		
Tiempo	Comida	Cantidad	Tiempo	Comida	Cantidad

DORMIR

AM			**PM**		
Inicio	Fin	Duración	Inicio	Fin	Duración

PAÑALES

pipí	caca	Tiempo		pipí	caca	Tiempo
◯	◯	——		◯	◯	——
◯	◯	——		◯	◯	——
◯	◯	——		◯	◯	——

NOTAS DE ACTIVIDAD

Libro de registro del recién nacido

ESTADO DE ÁNIMO DEL BEBÉ

FECHA

COMIDA

AM

Tiempo	Comida	Cantidad

PM

Tiempo	Comida	Cantidad

DORMIR

AM

Inicio	Fin	Duración

PM

Inicio	Fin	Duración

PAÑALES

pipí	caca	Tiempo

pipí	caca	Tiempo

NOTAS DE ACTIVIDAD

Libro de registro del recién nacido

ESTADO DE ÁNIMO DEL BEBÉ

FECHA

COMIDA

AM

Tiempo	Comida	Cantidad

PM

Tiempo	Comida	Cantidad

DORMIR

AM

Inicio	Fin	Duración

PM

Inicio	Fin	Duración

PAÑALES

pipí caca Tiempo

pipí caca Tiempo

NOTAS DE ACTIVIDAD

Libro de registro del recién nacido

ESTADO DE ÁNIMO DEL BEBÉ

FECHA

COMIDA

AM			PM		
Tiempo	Comida	Cantidad	Tiempo	Comida	Cantidad

DORMIR

AM			PM		
Inicio	Fin	Duración	Inicio	Fin	Duración

PAÑALES

pipí	caca	Tiempo	pipí	caca	Tiempo

NOTAS DE ACTIVIDAD

Libro de registro del recién nacido

ESTADO DE ÁNIMO DEL BEBÉ

FECHA

COMIDA

AM

Tiempo	Comida	Cantidad

PM

Tiempo	Comida	Cantidad

DORMIR

AM

Inicio	Fin	Duración

PM

Inicio	Fin	Duración

PAÑALES

pipí	caca	Tiempo

pipí	caca	Tiempo

NOTAS DE ACTIVIDAD

Libro de registro del recién nacido

ESTADO DE ÁNIMO DEL BEBÉ

FECHA

COMIDA

AM

Tiempo	Comida	Cantidad

PM

Tiempo	Comida	Cantidad

DORMIR

AM

Inicio	Fin	Duración

PM

Inicio	Fin	Duración

PAÑALES

pipí	caca	Tiempo

pipí	caca	Tiempo

NOTAS DE ACTIVIDAD

Libro de registro del recién nacido

ESTADO DE ÁNIMO DEL BEBÉ

FECHA

COMIDA

AM

Tiempo	Comida	Cantidad

PM

Tiempo	Comida	Cantidad

DORMIR

AM

Inicio	Fin	Duración

PM

Inicio	Fin	Duración

PAÑALES

pipí	caca	Tiempo
O	O	
O	O	
O	O	

pipí	caca	Tiempo
O	O	
O	O	
O	O	

NOTAS DE ACTIVIDAD

Libro de registro del recién nacido

ESTADO DE ÁNIMO DEL BEBÉ

FECHA

COMIDA

AM

Tiempo	Comida	Cantidad
___	___	___
___	___	___
___	___	___
___	___	___
___	___	___
___	___	___

PM

Tiempo	Comida	Cantidad
___	___	___
___	___	___
___	___	___
___	___	___
___	___	___
___	___	___

DORMIR

AM

Inicio	Fin	Duración
___	___	___
___	___	___
___	___	___
___	___	___
___	___	___
___	___	___

PM

Inicio	Fin	Duración
___	___	___
___	___	___
___	___	___
___	___	___
___	___	___
___	___	___

PAÑALES

pipí	caca	Tiempo		pipí	caca	Tiempo
O	O	___		O	O	___
O	O	___		O	O	___
O	O	___		O	O	___

NOTAS DE ACTIVIDAD

Libro de registro del recién nacido

ESTADO DE ÁNIMO DEL BEBÉ 😁 ☹️ 😌 😐 😠 **FECHA**

COMIDA

AM				PM		
Tiempo	Comida	Cantidad		Tiempo	Comida	Cantidad

DORMIR

AM				PM		
Inicio	Fin	Duración		Inicio	Fin	Duración

PAÑALES

pipí	caca	Tiempo		pipí	caca	Tiempo
○	○			○	○	
○	○			○	○	
○	○			○	○	

NOTAS DE ACTIVIDAD

Libro de registro del recién nacido

ESTADO DE ÁNIMO DEL BEBÉ

FECHA

COMIDA

AM

Tiempo	Comida	Cantidad

PM

Tiempo	Comida	Cantidad

DORMIR

AM

Inicio	Fin	Duración

PM

Inicio	Fin	Duración

PAÑALES

pipí	caca	Tiempo		pipí	caca	Tiempo
O	O			O	O	
O	O			O	O	
O	O			O	O	

NOTAS DE ACTIVIDAD

9 783986 088743